EXTRAIT DU SPECTATEUR MILITAIRE.

CAHIER DE JUIN 1841.

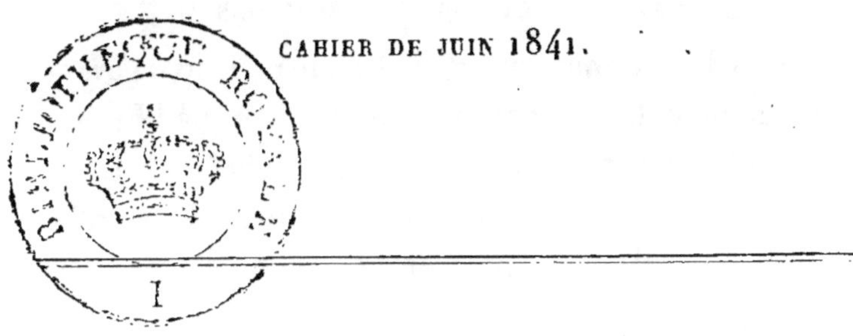

NOTE

SUR QUELQUES OPÉRATIONS DU SIÉGE DE DANTZIG

EN 1807;

PAR M. BLANC,

Colonel du génie en retraite.

Un éloge récemment prononcé à la Chambre des pairs, m'a donné l'idée de relire la relation du siége de Dantzig, par le général Kirgener. J'ai été tellement étonné du style froid de cette relation, et de l'absence de détails qui s'y fait remarquer, que je me crois obligé de faire le récit des opérations les plus importantes de ce siége qui a été si fécond en beaux faits d'armes. Je me bornerai à dire ce que j'ai vu ou fait exécuter, n'ayant aucun des documents qui seraient nécessaires pour parler de ce que je n'ai pas vu.

D'abord, commandant de l'attaque principale avant l'arrivée du colonel Lacoste, aide-de-camp de l'Empereur, qui prit ce commandement, puis chef de brigade d'attaque, j'ai, en cette dernière qualité, fait exécuter les trois opérations les plus périlleuses du siége.

Quelques détails sur ces opérations ne seront pas sans intérêt et sans utilité pour l'art; ce sont: 1° le couronnement de vive force du chemin couvert de la demi-lune du front d'attaque; 2° le couronnement de l'entonnoir formé par l'explosion du globe de compression qui joua contre le blockhaus de la place d'armes rentrante à droite de cette demi-lune; 3° l'enlèvement des palissades de la face gauche du bastion de droite à laquelle on devait donner l'assaut.

1° *Couronnement de vive force du chemin couvert de la demi-lune.*

Les travaux de la sape double qui était dirigée sur le saillant de la demi-lune du front d'attaque s'exécutaient avec la plus grande difficulté, parce que l'ennemi qui avait conservé une partie de son artillerie culbutait à tous moments la tête de la sape, et que chaque nuit ou au moins de deux nuits l'une, les sapeurs étaient tués ou forcés de fuir par les sorties qui détruisaient en partie l'ouvrage fait à grand'peine pendant le jour.

On pourra être surpris qu'à cette époque du siége, après 28 jours de tranchée ouverte, l'ennemi eût conservé des pièces en batterie; cela s'explique à la seule vue du plan des attaques. La face gauche du bastion de droite ne pouvant être ricochée, on ne pouvait détruire son artillerie que par des bombes ou des coups de plein fouet. Or, par pénurie de bombes on en tirait peu ; d'ailleurs, comme le front d'attaque était très élevé au-dessus de la ville, on ne pouvait juger de leur effet ni, par suite, en diriger la portée ; quant aux coups directs, l'ennemi, pour tromper nos canonniers et les engager à ne plus tirer, fermait toutes ses embrasures avec des gabions vides, comme si ses feux eussent été éteints, plaçait ses pièces (que je suppose de campagne) à l'abri derrière la masse du parapet ; puis, de temps à autre, il mettait une pièce en batterie, et ôtant le gabion, il saluait la tête de sape de deux ou trois boulets qui se succédaient rapidement.

En dépit de toutes ces difficultés, on cheminait pourtant, et on était arrivé le 7 mai à 12 mètres de distance du saillant du chemin couvert de la demi-lune, lorsque le maréchal Lefebvre crut devoir donner l'ordre de le couronner de vive force.

L'expérience des siéges a appris que cette opération est des plus périlleuses et qu'on y perd beaucoup de monde, à moins que les feux de la place ne soient entièrement éteints, ce qu'on était loin d'avoir obtenu. Il fallait donc de puissants motifs pour l'ordonner : voici ce qui décida le maréchal.

L'ennemi, en partant d'un puits fait dans le terre-plein du saillant du chemin couvert, dirigeait une contre-mine sous notre cheminement ; nos mineurs prétendaient même qu'on s'occupait de charger les fourneaux. Le maréchal craignit, avec raison, qu'une explosion, produite au moyen de cette contre-mine, ne fît croire aux soldats que tous les chemins couverts étaient contre-minés, et n'influât sur leur moral.

Le colonel Lacoste fut chargé en chef de l'opération. J'étais sous ses ordres avec le capitaine Beaulieu et le lieutenant Barthélemy.

Trois cents hommes d'élite portant chacun un gabion et une pelle devaient, à la nuit, déboucher de la sape double poussée sur la capitale de la demi-lune, et garnir rapidement avec leurs gabions les deux branches de son chemin couvert. On ne leur avait donné que des pelles, parce que les terres de nature sablonneuse qui formaient le glacis étaient d'ailleurs fraîchement remuées, le glacis n'ayant été fait par l'ennemi que dans les premiers jours de l'investissement. Deux détachements de dix hommes chacun devaient se porter sur les places d'armes rentrantes pour en déloger l'ennemi, et le sergent du génie Choppot, avec deux sapeurs munis de haches et de scies, devait, après avoir pénétré dans le chemin couvert, se diriger sur le puits et y descendre, pour éventer la mine et en bouleverser la galerie.

Le 7 mai, à la tombée de la nuit, les travailleurs débouchèrent de la sape double; mais ils n'avaient pas encore franchi les 12 mètres qui séparaient la sape du saillant du chemin couvert, que 30 à 40 d'entre eux furent mis hors de combat par des coups de mitraille tirés du saillant de la demi-lune et des faces des bastions; le capitaine du génie Beaulieu fut du nombre, il reçut un biscaïen dans la cuisse. Des pots à feu lancés par la place, et qui tombaient en arrière de nous sur les glacis, nous faisaient voir par l'ennemi comme en plein jour. Pendant toute la nuit, nous fûmes exposés à la mitraille et à une fusillade des plus vives. Peu d'entre nous restèrent sans être atteints : nous nous garantissions comme nous pouvions, même avec les corps de ceux qui étaient tués; le carnage fut si grand, que le colonel Lacoste me cria : « *Rappelons-nous en pour* » *n'en jamais faire!* » Au point du jour, on était parvenu à se couvrir sur le peu de développement que les travailleurs restans avaient pu garnir. Ce fut alors néanmoins que le lieutenant Barthélemy, qui était fort grand, et qui se découvrit un instant, fut grièvement blessé par un biscaïen.

Je ne puis passer sous silence le trait de bravoure du sergent du génie Choppot : je le croyais tué ou fait prisonnier, lorsque, à 10 ou 11 heures du soir, il m'amena trois des mineurs ennemis qu'il avait trouvés dans le rameau de la contremine. «J'ai pénétré, me » dit-il, dans le chemin couvert en faisant sauter la » barrière de la place d'armes de gauche, et me suis » dirigé sur le puits dans lequel je me suis jeté. Aussi- » tôt j'ai aperçu une clarté qui s'est de suite éteinte. » Alors j'ai marché sur mes genoux en donnant en avant » de temps en temps un coup de la pointe de mon » sabre, lorsque, parvenu à 5 ou 6 mètres, un mineur » que j'ai touché a crié : *Pardon, Franzose, gefange-* » *ner!* J'ai demandé combien ils étaient? il a répondu : » six. Alors je leur ai dit de venir avec moi, et les ayant » comptés au bord du trou, j'en ai trouvé six. Je ne » vous en amène que trois, les autres s'étant enfuis ou » ayant été tués ou blessés dans le court trajet que j'ai » fait pour venir ici. »

    2° *Couronnement de l'entonnoir produit par l'explosion du globe de compression, qui a joué contre le blockhaus de la place d'armes rentrante de droite.*

Ce blockhaus, qui n'avait pu être détruit par l'artillerie, parce qu'il n'était vu d'aucune batterie, était lié avec la courtine du front d'attaque par une communication blindée. On pensa qu'un fourneau de mine était le moyen le plus sûr de le détruire. Le capitaine de mineurs Lebrun fut chargé de diriger la construction du rameau à l'extrémité duquel le fourneau devait jouer. Ce travail fut terminé le 16 au soir.

Je pris le service ce jour-là, et trouvai en arrivant le capitaine Lebrun dans la 2ᵉ parallèle attendant l'effet de l'explosion du fourneau auquel on mit le feu à la nuit tombante. L'explosion eut lieu; et, à la vue de plusieurs pièces de bois qui avaient été lancées en l'air, le capitaine Lebrun ne douta pas que le bloc-khaus n'eût sauté, et partit pour en porter la nouvelle au quartier-général.

Je me jetai de suite dans l'entonnoir avec les offi-ciers de ma brigade et les sapeurs de service; mais nous fûmes bien surpris lorsque, déblayant les terres contre les parois du blockhaus, nous reconnûmes qu'il était intact; nous le fûmes encore davantage lors-qu'après avoir mis à nu les pièces de bois nous reçû-mes des coups de fusil, et par les créneaux, et par les fentes ou intervalles que les pièces de bois déran-gées par l'explosion laissaient entre elles. Quelques sapeurs furent blessés, le capitaine du génie Migneron fut tué, et on fut obligé d'évacuer un moment l'enton-noir de la mine.

On y revint une heure après avec des madriers que les sapeurs portaient de manière à s'en couvrir le corps et qu'ils appliquèrent contre les fentes et les créneaux. Au point du jour, l'entonnoir était couronné, mais on y était plongé du bastion, et on fut obligé de s'y enterrer davantage.

Les jours suivants, on chercha à brûler le blockhaus avec des fascines goudronnées, mais on ne put y réussir complétement. Le lieutenant du génie Tholozé fut tué dans cette tentative.

3º *Enlèvement des palissades dans le fossé de la face gauche du bastion de droite, et préparatifs pour l'assaut.*

On était cependant parvenu à couronner à la sape pleine tout le chemin couvert de la face gauche du bastion d'attaque. Il avait fallu, pour obtenir ce résultat, lutter avec énergie contre de grandes difficultés. Le chemin couvert n'étant battu par aucun feu de l'assiégeant, l'ennemi, à qui l'accès en était facile, arrivait le long de la sape avec des paniers remplis de grenades dont il accablait la tête de sape. Quelquefois il cherchait à enlever au moyen de crocs le gabion farci et même les sapeurs. Un jour que le capitaine Coilet était de service, il y eut une lutte opiniâtre entre l'assiégé et nos sapeurs pour dégager un de leurs camarades qui avait été pris de cette manière : on eut beaucoup de peine à empêcher qu'il ne fût entraîné.

J'essayai de faire riposter aux grenades dont nous manquions par des obus; mais il ne se trouva qu'un sapeur assez fort et assez adroit pour exécuter cette manœuvre, et encore ne parvenait-il pas à jeter les obus allumés au-delà du parapet de la tranchée, en sorte que leur explosion était aussi dangereuse pour nous que pour l'ennemi.

Cette lutte cessa lorsqu'on fut parvenu à faire la descente du chemin couvert, qui fut d'une exécution difficile, parce que ce chemin couvert n'ayant pas de traverse qui pût servir de masque, et son terre-plein étant en gradins, on fut obligé de blinder l'entrée de la descente qui était vue de la courtine et du flanc droit du bastion de gauche, sur lequel l'ennemi avait conservé de l'artillerie.

On s'occupa alors des moyens de détruire le rang
de palissades qui était planté au milieu du fossé. Ces
palissades étaient des corps d'arbres de 3^m de hauteur
et o^{m}3o à o^{m}4o de diamètre. Pour arriver à leur pied,
il fallait franchir un espace de 2^m de largeur, hérissé
de forts piquets pointus qui saillaient de o^{m}4o hors
de terre

Je n'étais pas de service lorsqu'on fit les premières
tentatives pour ouvrir un passage dans la rangée de
palissades dont je viens de parler. On chercha d'abord
à les brûler en allumant à leur pied des fascines goudronnées qui ne firent que les charbonner. On fit
ensuite rouler contre elles des barils de poudre aux-
quels on mettait le feu ; mais l'explosion de ces barils
n'eut d'autre effet que de mettre en désordre quelques
corps d'arbres, parce que, plantés dans un terrain
de sable et n'étant pas unis ensemble par des liteaux,
ils s'écartaient les uns des autres à leur sommet sans
se rompre. On chercha alors à les couper à coups de
haches ; mais l'ennemi accourait par derrière et tuait
les sapeurs à coups de baïonnettes.

Cependant l'Empereur, impatient de voir la fin du
siége, envoyait fréquemment des aides-de-camp au
maréchal Lefebvre, et lui écrivait chaque jour qu'il
était temps d'en finir par un assaut. Le maréchal me
fit l'honneur de me demander un jour dans la tranchée mon avis sur les ordres qu'il recevait. Je lui répondis : *qu'on ne pouvait monter à l'assaut que quand
les palissades seraient enlevées.* Le maréchal, qui par-
tageait cette opinion, s'exprima alors très énergique-
ment contre ceux qui, disait-il, *écrivaient à l'Empereur
que la poire était mûre.*

Deux jours après, le 2o mai au matin, je relevai à

la descente du fossé le chef de brigade de service, qui me dit que, pendant la nuit, il avait essayé de faire couper les palissades, mais que les sapeurs n'avaient pu réussir; et il m'en montra deux qui avaient été tués.

Je dois dire ici, qu'en outre des pieux pointus qui empêchaient d'arriver jusqu'aux palissades, l'ennemi les protégeait par des pièces placées sur le flanc droit du bastion de gauche, et que des soldats qui occupaient encore les ruines du blockhaus les voyaient à revers et à bout portant.

Je ne savais ce que je devais faire, lorsqu'à 8 heures du matin, le général Bertrand, aide-de-camp de l'Empereur, parut à la descente du chemin couvert, et me dit qu'il avait quitté Sa Majesté très mécontente de ce qu'on ne livrait pas l'assaut, et qu'il espérait que je trouverais les moyens d'enlever les palissades qui y portaient obstacle.

Après avoir réfléchi quelques instants, je lui répondis que j'allais essayer un moyen, mais qu'il était si chanceux que je ne voulais pas le lui dire dans la crainte qu'il ne le traitât d'impossible. « Si je réussis, ajoutai-je, je vous en préviendrai de suite. »

Je rentrai alors dans le couronnement du chemin couvert, et ayant fait prendre des louchets et quelques pioches à huit sapeurs commandés par un sergent, je leur dis : « Nous allons descendre dans le fossé; les canonniers ennemis ne nous verront pas, parce que, comme ils ont ordre de tirer continuellement, la fumée de leurs pièces les en empêchera; les hommes du blockhaus doivent dormir, et leur sentinelle est sûrement cachée dans un coin pour éviter les coups de fusil. » Un soldat du 12ᵉ d'infanterie légère, nommé François Vallé, qui écoutait, me dit :

« Croyez vous, capitaine, qu'il n'y ait que les sapeurs de braves ? — Eh bien ! lui dis-je, prends trois ou quatre bons enfants du 12ᵉ avec toi, et vous serez des nôtres. » Son choix fut bientôt fait, et ces treize hommes descendirent avec moi dans le fossé l'un après l'autre, en se couchant dans la descente et se laissant glisser pour n'être pas vus.

Arrivé aux pieux plantés dans le fond du fossé, j'en arrachai un qui vint sans résistance, et un passage pour arriver jusqu'aux palissades fut bientôt fait. Je fis alors ranger mes hommes à droite et à gauche de moi contre les palissades, et après leur avoir fait remarquer que les boulets dont nous entendions le souffle ne pouvaient les atteindre, parce que le prolongement de la ligne des corps d'arbres tombait en-dehors des embrasures du flanc, je leur dis de creuser un fossé le long des palissades, puis de les jeter dans ce fossé en les tirant l'une après l'autre avec les pioches et en les soutenant dans leur chute afin d'éviter le bruit qu'elles pourraient faire si elles tombaien brusquement.

Ils se mirent tous à l'ouvrage avec ardeur et réussirent au-delà de mon espoir. Cette opération eût été impossible si les palissades eussent été reliées entre elles par un liteau : heureusement cette précaution avait été jugée inutile par l'ennemi vu la grosseur des bois.

A une heure après midi, les palissades de la face du bastion à laquelle on devait donner l'assaut étaient couchées sur une longueur suffisante pour y faire passer deux colonnes de front, et ce ne fut qu'alors que les défenseurs qui occupaient les ruines du blockhaus, avertis par un cri de la sentinelle, sortirent et firent une

décharge sur les travailleurs, qui s'empressèrent de re-
monter le talus de la contrescarpe : deux furent blessés.

J'écrivis de suite au général Bertrand qu'on pouvait
donner l'assaut : l'heure en fut fixée à la nuit tombante, et à 5 heures je reçus mes instructions en ma
qualité de commandant du génie à cet assaut. Les
troupes étant réunies dans les tranchées, j'invitai les
officiers de voltigeurs qui devaient monter les premiers
à venir à la descente du fossé, afin de leur indiquer
le chemin qu'ils devaient tenir en gravissant la pente
roide et élevée de la face gauche du bastion, pour
éviter de longues pièces de bois qui garnissaient le
sommet du talus, et qui, retenues par des cordes
que l'ennemi devait couper à propos, auraient entraîné dans leur chute les colonnes d'assaut.

Je donnai ensuite les mêmes explications aux sous-
officiers, lorsque le soldat Vallé, qui s'était si bien
conduit lors de l'enlèvement des palissades, me dit :
« Capitaine, je vois bien que ces pièces de bois inquiè-
tent mes camarades; faites-moi donner une hache, et
je les ferai rouler dans le fossé. » Je lui fis donner une
hache, en lui recommandant de ne partir que quand
je le lui dirais, craignant que s'il y allait de suite l'ennemi ne fût trop tôt averti de notre projet de donner
l'assaut. Mais à peine avais-je quitté la place que Vallé
s'était précipité dans le fossé, et tous les yeux dirigés
sur lui le virent bientôt courant sur les parapets du
bastion et donnant des coups de hache sur les cordes :
les bois roulèrent avec fracas dans le fossé ; Vallé y
arriva en même temps, et je lui tendais la main pour
le recevoir à l'entrée de la descente lorsqu'il reçut
dans le bas-ventre une balle partie de la place d'armes
rentrante.

Quelques moments après, une vive fussillade se fit entendre sur la gauche ; et supposant que c'était une fausse attaque faite par les Polonais sur les fronts bas qui bordaient la Vistule, je dis au général Puthod, chargé de l'assaut du bastion, que cette fusillade allait faire mettre la garnison sous les armes, et que probablement, sans prendre le change, les colonnes ennemies seraient dirigées sur le front d'attaque ; que je croyais par conséquent qu'il fallait monter à l'assaut sans attendre la nuit. Le général, qui était de cet avis, allait en donner l'ordre, lorsqu'après avoir relu ses instructions il reconnut que, par un postscriptum, le maréchal lui recommandait de ne donner l'assaut que lorsqu'un de ses aides-de-camp viendrait lui en renouveler l'ordre. Force fut d'attendre, et il était tout-à-fait nuit lorsqu'un aide-de-camp vint prévenir le général Puthod que le gouverneur de Dantzig demandait à capituler.

Tels sont les faits principaux que j'ai voulu faire connaître. Je regrette de ne pouvoir entrer dans aucun détail sur la belle conduite des sergents de sapeurs Thomas et Vernon lorsqu'on fit la 3e parallèle. Mais je m'écarterais de l'objet que je me suis proposé, et d'ailleurs ma mémoire pourrait se trouver en défaut, ayant perdu toutes les notes que j'avais tenues pendant le siége.

Paris, mars 1841.

Paris. — Imprimerie de BOURGOGNE et MARTINET, rue Jacob 3o.